नक़्श-ए-फ़रियादी

फ़ैज़ अहमद फ़ैज़

लिप्यंतरण

अब्दुल बिस्मिल्लाह

सम्पादन

अब्दुल बिस्मिल्लाह

धर्मेन्द्र सुशांत

राजकमल पेपरबैक्स

राजकमल पेपरबैक्स में
पहला संस्करण : 2020
चौथा संस्करण : 2025

राजकमल पेपरबैक्स : उत्कृष्ट साहित्य के जनसुलभ संस्करण

राजकमल प्रकाशन प्रा.लि.
1-बी, नेताजी सुभाष मार्ग, दरियागंज
नई दिल्ली-110 002
द्वारा प्रकाशित

शाखाएँ : अशोक राजपथ, साइंस कॉलेज के सामने, पटना-800 006
पहली मंजिल, दरबारी बिल्डिंग, महात्मा गांधी मार्ग, प्रयागराज-211 001
1, अनमोल सोराबजी संतुक लेन, धोबी तलाव, मरीन लाइंस, मुम्बई-400 002
वेबसाइट : www.rajkamalprakashan.com
ई-मेल : info@rajkamalprakashan.com

बी.के. ऑफसेट
नवीन शाहदरा, दिल्ली-110 002
द्वारा मुद्रित

मूल्य : ₹199

NAQSH-E-FARIYADI
Compute Poems of Faiz Ahmad Faiz
Transliteration by Abdul Bismillah

ISBN : 978-93-89598-45-2

उनवानात*

---

* शीर्षक।

नक़्श-ए-फ़रियादी

रात यूँ दिल में तिरी खोई हुई याद आई

रात यूँ दिल में तिरी खोई हुई याद आई
जैसे वीराने में चुपके से बहार आ जाए
जैसे सहराओं[1] में हौले से चले बादे-नसीम[2]
जैसे बीमार को बे-वज्ह क़रार आ जाए

जुलाई, 1929

1. निर्जन, जंगल, 2. सुगन्धित हवा।

अशआ'र

दिल रहीने-ग़मे-जहाँ है आज

दिल रहीने-ग़मे-जहाँ[1] है आज
हर नफ़स[2] तश्नः-ए-फ़ुग़ाँ[3] है आज
सख़्त वीराँ है महफ़िले-हस्ती
ऐ ग़मे-दोस्त तू कहाँ है आज

मार्च, 1930

1. दुनिया के दुखों से पीड़ित, 2. साँस, 3. क्रन्दन की प्यासी।

ख़ुदा वह वक़्त न लाए...

ख़ुदा वह वक़्त न लाए कि सोगवार[1] हो तू
सुकूँ की नींद तुझे भी हराम हो जाए
तिरी मसर्रते-पैहम[2] तमाम हो जाए
तिरी हयात तुझे तल्ख़ जाम हो जाए

ग़मों से आईन:-ए-दिल गुदाज़[3] हो तेरा
हुजूमे-यास[4] से बेताब होके रह जाए
वफ़ूरे-दर्द[5] से सीमाब[6] होके रह जाए
तिरा शबाब फ़क़त ख़्वाब होके रह जाए

ग़ुरूरे-हुस्न सरापा नियाज़[7] हो तेरा
तवील रातों में तू भी क़रार को तरसे

1. उदास, 2. निरन्तर, 3. नर्म, बोझल, 4. निराशाओं की भीड़, 5. पीड़ा की अति, 6. पारा, 7. श्रद्धा।

तिरी निगाह किसी ग़मगुसार को तरसे
ख़िज़ाँरसीद: तमन्ना बहार को तरसे

कोई जबीं न तिरे संगे-आस्ताँ[1] पे झुके
कि जिंसे-इज्ज़ो-अक़ीदत[2] से तुझको शाद करे

फ़रेबे-वाद:-ए-फ़र्दा[3] पे ए'तमाद करे
ख़ुदा वह वक़्त न लाए कि तुझको याद आए

वह दिल कि तेरे लिए बे-क़रार अब भी है
वह आँख जिसको तिरा इन्तज़ार अब भी है

---

1. चौखट का पत्थर, 2. नम्रता और श्रद्धा, 3. भविष्य के वादे का धोखा।

1

ब-रवा-ए-अक़्ल-ओ-मन्निय: मन्तिक़-ओ-हिक्मत दरपेश।
के: मरा नुस्ख़हा-ए-ग़महा-ए-फ़ुलाँ दरपेश अस्त।*

—उर्फ़ी

---

* बुद्धि और मृत्यु के औचित्य के साथ तर्कशास्त्र और हकीमी (डॉक्टरी) आमने-सामने हैं। कि अज्ञात व्यक्ति के ग़म का नुस्ख़ा (दवाओं की पर्ची) मेरे सामने है।

ग़ज़ल

हुस्न मरहूने-जोशे-बादः-ए-नाज़

हुस्न मरहूने-जोशे-बादः-ए-नाज़[1]
इश्क़ मिन्नतकशे-फ़ुसूने-नियाज़[2]

दिल का हर तार लरिज़शे-पैहम[3]
जाँ का हर रिश्तः वक़्फ़े-सोज़ो-गुदाज़[4]

सोज़िशे-दर्दे-दिल किसे मालूम
कौने जान किसी के इश्क़ का राज़

मेरी ख़ामोशियों में लरज़ाँ है
मेरे नालों की गुमशुदा आवाज़

---

1. शराब और सौन्दर्य की उमंग में डूबा हुआ, 2. दर्शन के जादू का अभिलाषी, 3. निरन्तर कम्पन, 4. जलन और नमीं पर निछावर।

हो चुका इ'श्क़, अब हवस ही सही
क्या करें फ़र्ज़ है अदा-ए-नमाज़

तू है और इक तग़ाफ़ुले-पैहम[1]
मैं हूँ और इन्तज़ारे-बेअन्दाज़

ख़ौफ़-नाकामी-ए-उम्मीद है 'फ़ैज़'
वरन: दिल तोड़ दे तिलिस्मे-मजाज़[2]

1. निरन्तर उपेक्षा, 2. संसार का भ्रम, मायाजाल।

नज़्म

इन्तिहा-ए-कार[1]

पिन्दार[2] के ख़ूगर[3] को
नाकाम भी देखोगे
आग़ाज़[4] से वाक़िफ़ हो
अंजाम भी देखोगे

रंगीनी-ए-दुनिया से
मायूस-सा हो जाना
दुखता हुआ दिल लेकर
तनहाई में खो जाना

तरसी हुई नज़रों को
हसरत से झुका लेना
फ़रियाद के टुकड़ों को
आहों में छुपा लेना

---

1. कार्य की परिणति, 2. अभिमान, 3. आदी, 4. आरम्भ।

रातों की ख़मोशी में
छुपकर कभी रो लेना
मजबूर जवानी के
मलबूस[1] को धो लेना

जज़्बात की वुसअ'त[2] को
सिज्दों से बसा लेना
भूली हुई यादों को
सीने से लगा लेना

1. वस्त्र, 2. विस्तार।

अंजाम

हैं लबरेज़[1] आहों से ठंडी हवाएँ
उदासी में डूबी हुई हैं घटाएँ

मुहब्बत की दुनिया में शाम आ चुकी है
सियहपोश हैं ज़िन्दगी की फ़ज़ाएँ

मचलती हैं सीने में लाख आरज़ूएँ
तड़पती हैं आँखों में लाख इल्तिजाएँ[2]

तग़ाफ़ुल[3] के आग़ोश में सो रहे हैं
तुम्हारे सितम और मेरी वफ़ाएँ

मगर फिर भी ऐ मेरे मा'सूम क़ातिल
तुम्हें प्यार करती हैं मेरी दुआएँ

1. परिपूर्ण, 2. प्रार्थनाएँ, 3. उपेक्षा।

नज़्म

सरोदे-शबाना[1]-1

गुम है इक कैफ़[2] में फ़ज़ा-ए-हयात[3]
ख़ामुशी सिज्द:-ए-नियाज़[4] में है
हुस्ने-मा'सूम ख़्वाबे-नाज़ में है

ऐ कि तू रंगो-बू का तूफ़ाँ है
ऐ कि तू जल्व:गर बहार में है
ज़िन्दगी तेरे इख़्तियार में है

फूल लाखों बरस नहीं रहते
दो घड़ी और है बहारे-शबाब
आ कि कुछ दिल की सुन-सुना लें हम
आ मुहब्बत के गीत गा लें हम

---

1. रात्रि संगीत, 2. नशा, 3. जीवन का वातावरण, 4. श्रद्धा से झुकना।

मेरी तनहाइयों पे शाम रहे
हसरते-दीद[1] नातमाम रहे

दिल में बेताब है सदा-ए-हयात[2]
आँख गौहर निसार[3] करती है
आसमाँ पर उदास हैं तारे
चाँदनी इन्तज़ार करती है

आ कि थोड़ा-सा प्यार कर लें हम
ज़िन्दगी ज़रनिगार[4] कर लें हम!

अदा-ए-हुस्न की मासूमियत को कम कर दे
गुनाहगार नज़र को हिजाब[5] आता है।

---

1. दर्शन की अभिलाषा, 2. जीवन-स्वर, 3. निछावर, 4. स्वर्णिम, 5. शर्म।

ग़ज़ल

इ'श्क़ मिन्नतकशे-क़रार नहीं

इ'श्क़ मिन्नतकशे-क़रार[1] नहीं
हुस्न मजबूरे-इन्तज़ार नहीं

तेरी रंजिश की इन्तिहा मालूम
हसरतों का मिरी शुमार नहीं

अपनी नज़रें बिख़ेर दे साक़ी
मय बअन्दाज:-ए-ख़ुमार[2] नहीं

ज़ेरे-लब है अभी तबस्सुमे-दोस्त
मुन्तशिर[3] जल्व:-ए-बहार-नहीं

अपनी तकमील[4] कर रहा हूँ मैं
वरन: तुझसे तो मुझको प्यार नहीं

1. चैन का इच्छुक, 2. उतरा नशा पूरा करने भर को, 3. विच्छिन्न, बिखरा हुआ, 4. पूर्ति।

चारः-ए-इन्तज़ार[1] कौन करे
तेरी नफ़रत भी उस्तवार नहीं

'फ़ैज़' ज़िन्दा रहें वो हैं तो सही
क्या हुआ गर वफ़ाशेआ'र[2] नहीं

1. प्रतीक्षा का समाधान, 2. वफ़ा करनेवाला।

आख़िरी ख़त

वह वक़्त मिरी जान बहुत दूर नहीं है
जब दर्द से रुक जाएँगी सब ज़ीस्त[1] की राहें
और हद से गुज़र जाएगा अन्दोहे-निहानी[2]
थक जाएँगी तरसी हुई नाकाम निगाहें
छिन जाएँगे मुझसे मिरे आँसू, मिरी आहें
छिन जाएगी मुझे मिरी बेकार जवानी

शायद मिरी उल्फ़त को बहुत याद करोगी
अपने दिले-मा'सूम को नाशाद करोगी
आओगी मिरी गोर[3] पे तुम अश्क बहाने
नौख़ेज़[4] बहारों के हसीं फूल चढ़ाने

---

1. ज़िन्दगी, 2. छुपा हुआ तूफ़ान, 3. क़ब्र, 4. नवोदित।

शायद मिरी तुर्बत[1] को भी ठुकराके चलोगी
शायद मिरी बे-सूद वफ़ाओं पे हँसोगी
इस वज़्ए-करम का भी तुम्हें पास[2] न होगा
लेकिन दिले-नाकाम का एहसास न होगा

अलक़िस्स: मआले-ग़मे-उल्फ़त[3] पे हँसो तुम
या अश्क बहाती रहो फ़रियाद करो तुम
माज़ी[4] पे नदामत[5] हो तुम्हें या कि मसर्रत[6]
ख़ामोश पड़ा सोएगा वामाँद:-ए-उल्फ़त[7]

---

1. क़ब्र, 2. ध्यान, 3. प्रेम-पीड़ा का परिणाम, 4. बीते दिन, अतीत, 5. शर्मिन्दगी, 6. खुशी, 7. प्रेम से थका हुआ।

ग़ज़ल

हर हक़ीक़त मजाज़ हो जाए

हर हक़ीक़त मजाज़[1] हो जाए
काफ़िरों की नमाज़ हो जाए

दिल रहीने-नियाज़[2] हो जाए
बेकसी कारसाज़ हो जाए

मिन्नते-चार:साज़ कौन करे
दर्द जब जाँ-नवाज़ हो जाए

इश्क़ दिल में रहे तो रुस्वा[3] हो
लब पे आए तो राज़ हो जाए

1. भ्रम, 2. श्रद्धा से पूर्ण, 3. बदनाम।

लुत्फ़ का इन्तज़ार करता हूँ
जौर[1] ता-हद्दे-नाज़ हो जाए

उम्र बे-सूद कट रही है 'फ़ैज़'
काश अफ़शा-ए-राज़[2] हो जाए

1. अत्याचार, 2. रहस्योद्घाटन।

हसीनः-ए-ख़याल से

मुझे दे दे
रसीले होंठ, मा'सूमाना पेशानी, हसीं आँखें
कि मैं इक बार फिर रंगीनियों में ग़र्क़ हो जाऊँ!
मिरी हस्ती को तेरी इक नज़र आग़ोश में ले ले
हमेशा के लिए इस दाम[1] में महफ़ूज़ हो जाऊँ
जिया-ए-हुस्न[2] से जुल्माते-दुनिया[3] में न फिर आऊँ

गुज़श्तः हसरतों के दाग़ मेरे दिल से धुल जाएँ
मैं आनेवाले ग़म की फ़िक्र से आज़ाद हो जाऊँ
मिरे माज़ी-ओ-मुस्तक़्बिल[4] सरासर महव हो जाएँ
मुझे वह इक नज़र, इक जाविदानी[5]-सी नज़र दे दे

[ब्राऊनिंग]

---

1. जाल, 2. रूप की ज्योति, 3. संसार का अँधेरा, 4. अतीत और भविष्य, 5. अमर।

मिरी जाँ अब भी अपना हुस्न वापस फेर दे मुझको

मिरी जाँ अब भी अपना हुस्न वापस फेर दे मुझको

अभी तक दिल में तेरे इश्क़ की क़न्दील रोशन है
तिरे जल्वों से बज़्मे-ज़िन्दगी जन्नत-ब-दामन[1] है
मिरी रूह अब भी तनहाई में तुझको याद करती है
हर इक तारे-नफ़स[2] में आरज़ू बेदार है अब भी
हर इक बे-रंग साअ'त मुंतज़िर है तेरी आमद की
निगाहें बिछ रही हैं रास्ता ज़रकार[3] है अब भी

मगर जाने-हज़ीं[4] सदमे सहेगी आख़िरश कब तक
तिरी बे-मेह्‌रियों[5] पे जान देगी आख़िरश कब तक
तिरी आवाज़ में सोई हुई शीरीनियाँ आख़िर

1. आँचल में स्वर्ग लिये हुए, 2. साँसों का क्रम, 3. सुनहले कामवाला, 4. दुखी प्राण, 5. निष्ठुरता।

मिरे दिल की फ़सुर्दः[1] खिल्वतों[2] में जा न पाएँगी
ये अश्कों की फ़रावानी[3] में धुँदलाई हुई आँखें
तिरी रा'नाइयों[4] की तमकनत[5] को भूल जाएँगी

पुकारेंगे तुझे तो लब कोई लज़्ज़त न पाएँगे
गुलू में तेरी उल्फ़त के तराने सूख जाएँगे

मबादा[6] यादहा-ए-अह्दे-माज़ी[7] मह्व हो जाएँ
ये पारीना[8] फसाने मौजहा-ए-ग़म[9] में खो जाएँ
मिरे दिल की तहों से तेरी सूरत धुल के बह जाए
हरीमे-इश्क़[10] की शम्अ'-ए-दरख़्शाँ बुझके रह जाए
मबादा अजनबी दुनिया की ज़ुल्मत घेर ले तुझको
मिरी जाँ अब भी अपना हुस्न वापस फेर दे मुझको

---

1. उदास, 2. एकान्त, 3. बाहुल्य, 4. सुन्दरता, छटा, 5. आभा, तड़क-भड़क, 6. कहीं ऐसा न हो, 7. बीते दिनों की यादें, 8. पुराने, 9. दुख की लहरें, 10. प्रेम का घर।

बा'द अज़ वक़्त

दिल को एहसास से दो चार न कर देना था
साज़े-ख़्वाबीद:[1] को बेदार न कर देना था

अपने मा'सूम तबस्सुम की फ़रावानी को
वुसअ'ते-दीद[2] पे गुलबार[3] न कर देना था

शौक़े-मजबूर को बस एक झलक दिखलाकर
वाक़िफ़े-लज़्ज़ते-तकरार[4] न कर देना था

1. सोया हुआ बाजा, 2. दृष्टि का विस्तार, 3. फूल बरसाना, 4. दुबारा के सुख से परिचित।

चश्मे-मुश्ताक़[1] की ख़ामोश तमन्नाओं को
यक-ब-यक माइले-गुफ़्तार[2] न कर देना था

जल्वः-ए-हुस्न को मस्तूर[3] ही रहने देते
हसरते-दिल को गुनहगार न कर देना था

1. लालायित आँखें, 2. बोलने को तैयार, 3. गुप्त।

सरोदे-शबाना-2

नीम शब, चाँद, ख़ुद-फ़रामोशी
महफ़िले-हस्तो-बूद[1] वीराँ है
पैकरे-इल्तिजा[2] है ख़ामोशी
बज़्मे-अंजुम[3] फ़सुर्दः-सामाँ[4] है
आबशारे-सुकूत[5] जारी है
चार सू बे-ख़ुदी सी तारी है
ज़िन्दगी जुज़्वे-ख़्वाब[6] है गोया
सारी दुनिया सराब[7] है गोया
सो रही है घने दरख़्तों पर
चाँदनी की थकी हुई आवाज़

---

1. है और था (वर्तमान और अतीत) की दुनिया, 2. साकार प्रार्थना, 3. सितारों की महफ़िल, 4. बुझी हुई, उदास, 5. निश्चलता या मौन का झरना, 6. स्वप्न का हिस्सा, 7. मृगतृष्णा।

कहकशाँ[1] नीम-वा[2] निगाहों से
कह रही है हदीसे-शौक़े-नियाज़[3]
साज़े-दिल के ख़ामोश तारों से
छन रहा है खुमारे-कैफ़ आगीं[4]
आरज़ू ख़्वाब, तेरा रू-ए-हसीं[5]

---

1. आकाश-गंगा, 2. अधखुली, 3. दर्शन-अभिलाषा की कहानी, 4. मादक नशा, 5. सुन्दर मुखड़ा।

अशआ'र

वो अह्दे-ग़म[1] की काहिशहा-ए-बेहासिल[2] को क्या समझे
जो उनकी मुख़्तसर रूदाद भी सब्र-आज़मा[3] समझे

यहाँ वाबस्तगी, वाँ बरहमी[4], क्या जानिए क्यों है?
न हम अपनी नज़र समझे, न हम उनकी अदा समझे

फ़रेबे-आरज़ू की सह्ल-अंगारी[5] नहीं जाती
हम अपने दिल की धड़कन को तिरी आवाज़े-पा समझे

1. दुख के दिन, 2. व्यर्थ वेदना, 3. उकता देनेवाला, 4. नाराज़गी, 5. सुगमता की खोज।

तुम्हारी हर नज़र से मुनसलिक[1] है रिश्त:-ए-हस्ती
मगर ये दूर की बातें कोई नादान क्या समझे

न पूछो अह्दे-उल्फ़त की, बस इक ख़्वाबे-परीशाँ[2] था
न दिल को राह पर लाए, न दिल का मुद्दआ'[3] समझे

1. बँधा हुआ, 2. बिखरा हुआ सपना, 3. उद्देश्य।

क़तअ:

वक़्फ़े-हिर्मानो-यास रहता है

वक़्फ़े-हिर्मानो-यास[1] रहता है
दिल है, अक्सर उदास रहता है
तुम तो ग़म देके भूल जाते हो
मुझ को एहसाँ का पास[2] रहता है

जून, 1931

1. निराशा में डूबा हुआ, 2. कृपा का ध्यान।

क़तअः

फ़ज़ा-ए-दिल पे उदासी बिखरती जाती है

फ़ज़ा-ए-दिल पे उदासी बिखरती जाती है
फ़सुर्दगी[1] है के: जाँ तक उतरती जाती है
फ़रेबे-जीस्त[2] से कुदरत का मुद्दआ[3] मालूम
ये: होश है के: जवानी गुज़रती जाती है

जनवरी, 1933

1. उदासी, 2. जीवन का धोखा, 3. उद्देश्य।

इन्तज़ार

गुज़र रहे हैं शबो-रोज़ तुम नहीं आतीं

रियाज़े-ज़ीस्त[1] है आजुर्द:-ए-बहार[2] अभी
मिरे ख़याल की दुनिया है सोगवार अभी
जो हसरतें तिरे ग़म की कफ़ील[3] हैं प्यारी

अभी तलक मिरी तनहाइयों में बसती हैं
तवील रातें अभी तक तवील हैं, प्यारी
उदास आँखें तिरी दीद को तरसती हैं*

---

* अली सरदार जाफ़री द्वारा संपादित 'शीशों का मसीहा' में यह पंक्ति इस प्रकार है—
उदास आँखें अभी इन्तज़ार करती हैं।

1. जीवन का अभ्यास, 2. बहार का सताया हुआ, 3. बंद।

बहारे-हुस्न पे पाबन्दी-ए-जफ़ा कब तक
ये आज़माइशे-सब्रे-गुरेज़पा[1] कब तक
क़सम तुम्हारी, बहुत ग़म उठा चुका हूँ मैं

ग़लत था दा'व-ए-सब्रो-शकेब,[2] आ जाओ
क़रारे-ख़ातिरे-बेताब[3] थक गया हूँ मैं

---

1. बार-बार टूटनेवाले धीरज की परीक्षा, 2. धैर्य, 3. बेचैन हृदय की शान्ति।

तहे-नुजूम

तहे-नुजूम[1] कहीं चाँदनी के दामन में
हुजूमे-शौक़[2] से इक दिल है बे-क़रार अभी
ख़ुमारे-ख़्वाब से लबरेज़ अहमरीं[3] आँखें
सफ़ेद रुख़ पे परीशान अ'म्बरीं[4] आँखें
छलक रही है जवानी हर इक बुने-मू[5] से
रवाँ हो बर्गे-गुले-तर से जैसे सैले-शमीम[6]
ज़िया-ए-मह[7] में दमकता है रंगे-पैराहन
अदा-ए-इ'ज्ज़[8] से आँचल उड़ा रही है नसीम
दराज़ क़द की लचक से गुदाज़ पैदा है
अदा-ए-नाज़ से रंगे-नियाज़ पैदा है
उदास आँखों में ख़ामोश इल्तिजाएँ हैं

1. सितारों के नीचे, 2. उमंगों की भीड़, 3. लाल, 4. सुगन्धित, 5. रोम-रोम, 6. ठंडी हवा का झोंका, 7. चाँद की रोशनी, 8. कोमलता।

दिले-हज़्रीं[1] में कई जाँ-ब-लब दुआएँ हैं
तहे-नुजूम कहीं चाँदनी के दामन में
किसी का हुस्न है मसरूफ़े-इन्तज़ार अभी
कहीं ख़याल के आबादकर्द: गुलशन में
है एक गुल कि है नावाक़िफ़े-बहार अभी

---

1. व्यथित ह्रदय।

हुस्न और मौत

जो फूल सारे गुलिस्ताँ में सबसे अच्छा हो
फ़रोग़े-नूर[1] हो जिससे फ़ज़ा-ए-रंगीं में
ख़िज़ाँ के जौरो-सितम[2] को न जिसने देखा हो
बहार ने जिसे ख़ूने-जिगर से पाला हो
वो एक फूल समाता है चश्मे-गुलचीं में

हज़ार फूलों से आबाद बाग़े-हस्ती है
अजल[3] की आँख फ़क़त एक को तरसती है
कई दिलों की उमीदों का जो सहारा हो
फ़ज़ा-ए-दह्र[4] की आलूदगी[5] से बाला हो
जहाँ में आके अभी जिसने कुछ न देखा हो
न क़हते-ऐ'शो-मसर्रत[6], न ग़म की अरज़ानी[7]

1. प्रकाश की वृद्धि, 2. अत्याचार, 3. मौत, 4. दुनिया की हवा, 5. लिप्त होना, 6. सुख का अभाव, 7. सस्ता होना।

कनारे-रहमते-हक़[1] में उसे सुलाती है
सुकूते-शब[2] में फ़रिश्तों की मर्सियेःख़्वानी[3]
तवाफ़[4] करने को सुब्हे-बहार आती है
सबा चढ़ाने को जन्नत के फूल लाती है

1. विधाता की कृपालु गोद, 2. रात का सन्नाटा, 3. मर्सिया पढ़ना, 4. परिक्रमा।

तीन मंज़र

तसव्वुर[1]

शोख़ियाँ मुज़्तर[2] निगाहे-दीद:-ओ-सरशार में
इ'शरतें ख़्वाबीद: रंगे-ग़ाज़:-ए-रुख़सार में
सुर्ख़ होंठों पर तबस्सुम की ज़ियाएँ[3] जिस तरह
यासमन[4] के फूल डूबे हों मये-गुलनार में

1. कल्पना, 2. मचलती हुई, 3. ज्योति, 4. चमेली।

सामना

छनती हुई नज़रों से जज़्बात की दुनियाएँ
बेख़्वाबियाँ, अफ़साने, महताब, तमन्नाएँ
कुछ उलझी हुई बातें, कुछ बहके हुए नग़मे
कुछ अश्क जो आँखों से बे-वज्ह छलक जाएँ

रुख़सत

फ़सुर्द:[1] रुख़, लबों पर इक नियाज़-आमेज़[2] ख़ामोशी
तबस्सुम मुज़्महिल[3] था, मरमरीं हाथों में लरज़िश थी
वो कैसी बेकसी थी तेरी पुर-तमकीं निगाहों में
वो क्या दुख था तिरी सहमी हुई ख़ामोश आहों में

1. उदास, 2. श्रद्धा-भरी, 3. बुझी हुई।

सरोद

मौत अपनी, न अमल अपना, न जीना अपना
खो गया शोरिशे-गेती[1] में क़रीन: अपना
नाख़ुद[2] दूर, हवा तेज़, क़रीं[3] कामे-निहंग[4]
वक़्त है फेंक दे लहरों में सफ़ीन:[5], अपना
अर्स:ए-दह्‌र के हंगामे तहे-ख़्वाब सही
गर्म रख आतिशे-पैकार[6] से सीन: अपना
साक़िया रंज न कर जाग उठेगी महफ़िल
और कुछ देर उठा रखते हैं पीना अपना
बेशक़ीमत हैं ये ग़महा-ए-मुहब्बत मत भूल
ज़ुल्मते-यास[7] को मत सौंप ख़ज़ीन:[8] अपना

---

1. दुनिया के शोर, 2. खेवनहार, 3. निकट, 4. घड़ियाल का जबड़ा, 5. नाव, 6. युद्ध की ज्वाला, 7. निराशा का अन्धकार, 8. निधि, ख़ज़ाना।

यास[1]

बरबते-दिल[2] के तार टूट गए
हैं ज़मीं-बोस[3] राहतों के महल
मिट गए क़िस्स:हा-ए-फ़िक्रो-अमल
बज़्मे-हस्ती के जाम फूट गए
छिन गया कैफ़े-कौसरो-तस्नीम[4]

ज़हमते-गिरिय:-ओ-बुका[5] बे-सूद
शिकव:-ए-बख़्ते-नारसा[6] बे-सूद
हो चुका ख़त्म रहमतों का नुज़ूल[7]
बन्द है मुद्दतों से बाबे-क़ुबूल[8]
बे-नियाज़े-दुआ है रब्बे-करीम

---

1. निराशा, 2. हृदय-तंत्री, 3. धराशायी, 4. जन्नत की नहरों का मज़ा, 5. क्रन्दन और रुदन का कष्ट, 6. अभागेपन का दुखड़ा, 7. अवतरण, 8. स्वीकृति का द्वार।

बुझ गई शम्ए-आरज़ू-ए-जमील[1]
याद बाक़ी है बेकसी की दलील
इन्तज़ारे-फ़ज़ूल रहने दे
राज़े-उल्फ़त निबाहने वाले
बारे-ग़म से कराहने वाले
काविशे-बे-हुसूल[2] रहने दे

1. सुन्दर कामना का दीपक, 2. निष्फल खोज।

आज की रात

आज की रात साज़े-दर्द न छेड़

दुख से भरपूर दिन तमाम हुए
और कल की ख़बर किसे मा'लूम
दोशो-फ़र्दा[1] की मिट चुकी हैं हदूद
हो न हो अब सहर किसे मा'लूम
ज़िन्दगी हेच लेकिन आज की रात
एज़ादियत[2] है मुमकिन आज की रात
आज की रात साज़े-दर्द न छेड़

अब न दुहरा फ़सानहा-ए-अलम[3]
अपनी क़िस्मत पे सोगवार न हो

---

1. गुज़री हुई रात और आनेवाला कल, 2. ख़ुदाई, ख़ुदा होना, 3. दुख की कहानियाँ।

फ़िक्रे-फ़र्द:[1] उतार दे दिल से
उ'म्रे-रफ़्त:[2] पे अश्कबार[3] न हो
अ'ह्दे-ग़म[4] की हिकायतें, मत पूछ
हो चुकीं सब शिकायतें, मत पूछ
आज की रात साज़े-दर्द न छेड़

1. भविष्य की चिन्ता, 2. बीता जीवन, 3. आँसू बहाना, 4. दुख के दिन।

हिम्मते-इल्तिजा नहीं बाक़ी

हिम्मते-इल्तिजा नहीं बाक़ी
ज़ब्त का हौसला नहीं बाक़ी

इक तिरी दीद छिन गई मुझसे
वरन: दुनिया में क्या नहीं बाक़ी

अपनी मश्क़े-सितम[1] से हाथ न खैंच
मैं नहीं या वफ़ा नहीं बाक़ी

तेरी चश्मे-अलमनवाज़[2] की ख़ैर
दिल में कोई गिला नहीं बाक़ी

1. अत्याचार का अभ्यास, 2. दुख को पूछनेवाली (सहानुभूति रखनेवाली) आँख।

हो चुका ख़त्म अ'ह्दे-हिज्रो-विसाल[1]
ज़िन्दगी में मज़ा नहीं बाक़ी

1. विरह और मिलन के दिन।

एक रहगुज़र पर

वो जिसकी दीद में लाखों मसर्रतें[1] पिन्हाँ
वो हुस्न जिसकी तमन्ना में जन्नतें पिन्हाँ

हज़ार फ़ित्ने[2] तहे-पा-ए-नाज़,[3] ख़ाकनशीं
हर इक निगाह ख़ुमारे-शबाब[4] से रंगीं

शबाब, जिससे तख़य्युल[5] पे बिजलियाँ बरसें
विक़ार[6] जिसकी रक़ाबत[7] को शोख़ियाँ तरसें

अदा-ए-लग़्ज़िश-पा[8] पर क़यामतें क़ुर्बां
बयाज़े-रुख़[9] पे सहर की सबाहतें[10] क़ुर्बां

---

1. ख़ुशियाँ, 2. उपद्रव, 3. सुन्दरता के पैर के नीचे, 4. यौवन-मद, 5. कल्पना, 6. गरिमा, 7. साथ, 8. पैरों के काँपने का ढंग, 9. चेहरे का गोरा रंग, 10. सफ़ेदी।

सियाह जुल्फ़ों में वारफ़्त:[1] नकहतों[2] का हुजूम
तवील रातों की ख़्वाबीद: राहतों का हुजूम

वो आँख जिसके बना'व पे ख़ालिक[3] इतराए
ज़बाने-शे'र को तारीफ़ करते शर्म आए

वो होंठ, फ़ैज़ से जिनके बहारे-लाल: फरोश
बहिश्तो-कौसरो-तस्नीमो-सलसबील[4] ब-दोश[5]

गुदाज़ जिस्म, क़बा जिस पे सज के नाज़ करे
दराज़ क़द जिसे सर्वे-सही[6] नमाज़ करे

ग़रज़ वो हुस्न जो मुहताजे-वस्फ़ो-नाम[7] नहीं
वो हुस्न जिसका तसव्वुर बशर[8] का काम नहीं

किसी ज़माने में इस रहगुज़र से गुज़रा था
ब-सद-गुरूरो-तजम्मुल[9] इधर से गुज़रा था

और अब ये राहगुज़र भी है दिलफ़रेबो-हसीं
है इसकी ख़ाक में कैफ़े-शराबो-शे'र[10] मकीं[11]

---

1. बहती हुई, 2. सुगन्ध, 3. स्रष्टा, 4. जन्नत और उसकी नहरें, 5. कन्धे पे लिये हुए, 6. सर्व के सीधे पेड़, 7. परिचय या नाम का मुहताज, 8. मनुष्य, 9. सैकड़ों अभिमान और रूप लेकर, 10. मदिरा और कविता की मादकता, 11. बसा हुआ।

हवा में शोख़ी-ए-रफ़्तार[1] की अदाएँ हैं
फ़ज़ा में नर्मी-ए-गुफ़्तार की सदाएँ हैं

गरज़ वो हुस्न अब इस जा का जुज़्वे-मंज़र[2] है
नियाज़े-इश्क़[3] को इक सिज्द:गह मयस्सर है

---

1. चाल की चंचलता, 2. वाणी की कोमलता, 3. दृश्य का अंश।

चश्मे-मयगूँ ज़रा इधर कर दे

चश्मे-मयगूँ[1] ज़रा इधर कर दे
दस्ते-क़ुदरत[2] को बे-असर कर दे

तेज़ है आज दर्दे-दिल साक़ी
तल्ख़ी-ए-मय को तेज़तर कर दे

जोशे-वहशत[3] है तिश्न:काम[4] अभी
चाक-दामन को ता-जिगर कर दे

मेरी क़िस्मत से खेलनेवाले
मुझको क़िस्मत से बे-ख़बर कर दे

---

1. मद-भरी आँख, 2. प्रकृति का हाथ, 3. उन्माद की तीव्रता, 4. अतृप्त।

लुट रही है मिरी मताए'-नियाज़[1]
काश वह इस तरफ़ नज़र कर दे

'फ़ैज़' तक़मीले-आरज़ू[2] मा'लूम
हो सके तो यूँ ही बसर कर दे

1. विनय की पूँजी, 2. कामना की पूर्ति।

एक मंज़र

बामो-दर ख़ामशी के बोझ से चूर
आसमानों से जू-ए-दर्द[1] रवाँ
चाँद का दुख-भरा फ़सान:-ए-नूर[2]
शाहराहों की ख़ाक में ग़लताँ[3]
ख़्वाबगाहों में नीम-तारीकी
मुज़्महिल[4] लय रुबाबे-हस्ती[5] की
हल्के-हल्के सुरों में नौह: कुनाँ

---

1. पीड़ा की धारा, 2. ज्योति की कहानी, 3. डूबा हुआ, 4. नीरस, 5. जीवन-वीणा।

मेरे नदीम

ख़यालो-शे'र की दुनिया में जान थी जिनसे
फ़ज़ा-ए-फ़िक्रो-अमल[1] अर्ग़वान[2] थी जिनसे
वो जिनके नूर से शादाब थे महो-अंजुम[3]
जुनूने-इ'श्क की हिम्मत जवान थी जिनसे
वो आरज़ूएँ कहाँ सो गई हैं, मेरे नदीम[4]

वो ना-सुबूर[5] निगाहें, वो मुंतज़िर राहें
वो पासे-ज़ब्त[6] से दिल में दबी हुई आहें
वो इन्तज़ार की रातें, तवील, तीर:-ओ-तार[7]
वो नीम-ख़्वाब शबिस्ताँ, वो मख़मली बाँहें
कहानियाँ थीं कहीं खो गई हैं, मेरे नदीम

1. आचार-विचार की दुनिया, 2. लाल, रंगीन, 3. चाँद-तारे, 4. साथी, 5. धैर्यहीन, 6. धैर्य की चिन्ता, 7. अँधेरी, काली।

मचल रहा है रंगे-ज़िन्दगी में ख़ूने-बहार
उलझ रहे हैं पुराने ग़मों से रूह के तार
चलो कि चलके चिराग़ाँ करें दयारे-हबीब[1]
हैं इन्तज़ार में अगली मुहब्बतों के मज़ार
मुहब्बतें जो फ़ना हो गई हैं, मेरे नदीम!

1. दोस्त का घर।

2

दिले-बफ़रोख़्तम   जाने-ख़रीदम*

—निज़ामी

---

* दिल को बेचकर जान ख़रीदी है।
निज़ामी—फ़ारसी का मशहूर शाइर।

मुझसे पहली-सी मुहब्बत मिरी महबूब न माँग

मुझसे पहली-सी मुहब्बत मिरी महबूब न माँग
मैंने समझा था कि तू है तो दरख़्शाँ[1] है हयात[2]
तेरा ग़म है तो ग़मे-दहर[3] का झगड़ा क्या है
तेरी सूरत से है आलम में बहारों की सबात[4]
तेरी आँखों के सिवा दुनिया में रक्खा क्या है
तू जो मिल जाए तो तकदीर नगूँ[5] हो जाए
यूँ न था, मैंने फ़क़त चाहा था यूँ हो जाए

और भी दुख हैं ज़माने में मुहब्बत के सिवा
राहतें और भी हैं वस्ल[6] की राहत के सिवा

---

1. चमकदार, 2. जीवन, 3. दुनिया का दुख, 4. स्थिरता, 5. उलट जाना, बदल जाना, 6. प्रणय मिलन।

अनगिनत सदियों के तारीक बहीमान:[1] तिलिस्म
रेशमो-अतलसो-किमख़्वाब में बुनवाए हुए
जा-ब-जा बिकते हुए कूच:-ओ-बाज़ार में जिस्म
ख़ाक में लिथड़े हुए ख़ून में नहलाए हुए
जिस्म निकले हुए अमराज़[2] के तन्नूरों से
पीप बहती हुई गलते हुए नासूरों से*
लौट जाती है उधर को भी नज़र क्या कीजे
अब भी दिलकश है तिरा हुस्न मगर क्या कीजे

और भी दुख हैं ज़माने में मुहब्बत के सिवा
राहतें और भी हैं वस्ल की राहत के सिवा
मुझसे पहली-सी मुहब्बत मिरी महबूब न माँग

---

* जिस्म निकले हुए अमराज़ के तन्नूरों से
पीप बहती हुई गलते हुए नासूरों से

ये दो पंक्तियां 'नुस्ख़ा-हा-ए-वफ़ा' में संकलित 'नक़्श-ए-फ़रियादी' में नहीं दी गई हैं, लेकिन अली सरदार जाफ़री द्वारा सम्पादित 'शीशों का मसीहा' में हैं।

1. पाशविक, बर्बर, 2. बीमारियाँ।

ग़ज़ल

दोनों जहान तेरी मुहब्बत में हार के

दोनों जहान तेरी मुहब्बत में हार के
वो जा रहा है कोई शबे-ग़म गुज़ार के

वीराँ है मयकद:, ख़ुमो-साग़र उदास हैं,
तुम क्या गए कि रूठ गए दिन बहार के

इक फ़ुर्सते-गुनाह मिली, वो भी चार दिन
देखे हैं हमने हौसले परवरदिगार के

दुनिया ने तेरी याद से बेगान: कर दिया
तुझसे भी दिलफ़रेब हैं ग़म रोज़गार के

भूले से मुस्करा तो दिए थे वो आज 'फ़ैज़'
मत पूछ वलवले दिले-नाकर्द:कार[1] के

1. अनुभवहीन ह्रदय।

सोच

क्यों मेरा दिल शाद नहीं है
क्यों ख़ामोश रहा करता हूँ
छोड़ो मेरी रामकहानी
मैं जैसा भी हूँ अच्छा हूँ

मेरा दिल ग़मगीं है तो क्या
ग़मगीं यह दुनिया है सारी
ये दुख तेरा है ना मेरा
हम सबकी जागीर है प्यारी

तू गर मेरी भी हो जाए
दुनिया के ग़म यूँ ही रहेंगे
पाप के फन्दे, जुल्म के बन्धन
अपने कहे से कट न सकेंगे

ग़म हर हालत में मुहलिक[1] है
अपना हो या और किसी का
रोना-धोना, जी को जलाना
यूँ भी हमारा, यूँ भी हमारा

क्यों न जहाँ का ग़म अपना लें
बाद में सब तदबीरें सोचें
बाद में सुख के सपने देखें
सपनों की ता'बीरें[2] सोचें

बे-फ़िकरे धन-दौलतवाले
ये आख़िर क्यों ख़ुश रहते हैं
इनका सुख आपस में बाँटें
ये भी आख़िर हम जैसे हैं

हमने माना जंग कड़ी है
सर फूटेंगे, ख़ून बहेगा
ख़ून में ग़म भी बह जाएँगे
हम न रहें, ग़म भी न रहेगा

1. घातक, 2. साकार रूप।

वफ़ा-ए-वा'दः नहीं, वा'दः-ए-दिगर भी नहीं

वफ़ा-ए-वा'दः नहीं, वा'दः-ए-दिगर भी नहीं
वो मुझसे रूठे तो थे, लेकिन इस क़दर भी नहीं

बरस रही है हरीमे-हवस[1] में दौलते-हुस्न
गदा-ए-इ'श्क़[2] के कासे में इक नज़र भी नहीं

न जाने किसलिए उम्मीदवार बैठा हूँ
इक ऐसी राह पे जो तेरी रहगुज़र भी नहीं

निगाहे-शौक़ सरे-बज़्म बे-हिजाब[3] न हो
वो बे-ख़बर ही सही, इतने बे-ख़बर भी नहीं

ये अ'ह्दे-तर्के-मुहब्बत[4] है किसलिए आख़िर
सुकूने-क़ल्ब[2] इधर भी नहीं, उधर भी नहीं

---

1. वासना का घर, 2. प्रेम का भिखारी, 3. निर्लज्ज, 4. प्रेम को त्याग देने का प्रण, 5. हृदय की शान्ति।

रक़ीब से

आ कि वाबस्त:[1] हैं उस हुस्न की यादें तुझ से
जिसने इस दिल को परीख़ान: बना रक्खा था
जिसकी उल्फ़त में भुला रक्खी थी दुनिया हमने
दह्र[2] को दह्र का अफ़सान: बना रक्खा था

आशना हैं तिरे क़दमों से वो राहें जिन पर
उनकी मदहोश जवानी ने इ'नायत की है
कारवाँ गुज़रे हैं जिनसे उसी र'नाई[3] के
जिसकी इन आँखों ने बे-सूद[4] इ'बादत[5] की है

तुझसे खेली हैं वो महबूब हवाएँ जिनमें
उसके मलबूस[6] की अफ़सुर्द:[7] महक बाक़ी है

1. जुड़ी हुई, 2. दुनिया, 3. छटा, 4. व्यर्थ, 5. उपासना, पूजा, 6. वस्त्र, 7. उदास।

तुझ पे भी बरसा है उस बाम से महताब का नूर
जिसमें बीती हुई रातों की कसक बाक़ी है

तूने देखी है वो पेशानी[1], वो रुख़सार[2], वो होंठ
ज़िन्दगी जिनके तसव्वुर[3] में लुटा दी हमने
तुझ पे उट्ठी हैं वो खोई हुई साहिर[4] आँखें
तुझको मा'लूम है क्यों उ'म्र गवाँ दी हमने

हम पे मुश्तरिका[5] हैं एहसान ग़मे-उल्फ़त के
इतने एहसान के: गिनवाऊँ तो गिनवा न सकूँ
हमने इस इश्क़ में क्या खोया है, क्या सीखा है
जुज़[6] तेरे और को समझाऊँ तो समझा न सकूँ

आजिज़ी[7] सीखी, ग़रीबों की हिमायत सीखी
यासो-हिरमान[8] के, दुख-दर्द के मा'नी सीखे
ज़ेरदस्तों के मसाइब[9] को समझना सीखा
सर्द आहों के, रुख़े-ज़र्द[10] के मानी सीखे

जब कहीं बैठ के रोते हैं वो बेकस जिनके
अश्क आँखों में बिलकते हुए सो जाते हैं
नातवानों[11] के निवालों पे झपटते हैं उक़ाब[12]
बाज़ू तोले हुए मँडलाते हुए आते हैं

---

1. माथा, 2. गाल, 3. कल्पना, 4. जादूगर, 5. समान, 6. अतिरिक्त, 7. विनम्रता, 8. आशा और निराशा, 9. निर्बलों की व्यथाएँ, 10. पीला चेहरा, 11. शक्तिहीन, 12. गरुड़।

जब कभी बिकता है बाज़ार में मजबूर का गोश्त
शाहराहों[1] पे ग़रीबों का लहू बहता है

या कोई तोंद का बढ़ता हुआ सैलाब लिये
फ़ाक़ामस्तों[2] को डुबोने के लिए कहता है
आग-सी सीने में रह-रह के उबलती है न पूछ
अपने दिल पर मुझे क़ाबू ही नहीं रहता है

1. राजपथ, 2. भूख में मस्त रहनेवाले।

तनहाई

फिर कोई आया दिले-ज़ार! नहीं कोई नहीं
राहरौ[1] होगा, कहीं और चला जाएगा
ढल चुकी रात, बिखरने लगा तारों का गुबार[2]
लड़खड़ाने लगे ऐवानों[3] में ख़्वाबीद: चिराग़
सो गई रास्त: तक-तक के हर इक राहगुज़ार
अजनबी ख़ाक ने धुँदला दिए क़दमों के सुराग़
गुल करो शम्एँ, बढ़ा दो मयो-मीना-ओ-अयाग़[4]
अपने बे-ख़्वाब किवाड़ों को मुक़फ़्फ़ल[5] कर लो
अब यहाँ कोई नहीं, कोई नहीं आएगा

---

1. पथिक, 2. धूल, 3. महलों, 4. शराब, सुराही और प्याला, 5. ताला लगाना।

राज़े-उल्फ़त छुपा के देख लिया

राज़े-उल्फ़त छुपा के देख लिया
दिल बहुत कुछ जला के देख लिया

और क्या देखने को बाक़ी है
आप से दिल लगा के देख लिया

वो मिरे हो के भी मेरे न हुए
उनको अपना बना के देख लिया

आज उनकी नज़र में कुछ हमने
सबकी नज़रें बचा के देख लिया

'फ़ैज़' तकमीले-ग़म[1] भी हो न सकी
इश्क़ को आज़मा के देख लिया

'नक़्श-ए-फ़रियादी' के एक प्रारम्भिक संस्करण में इस ग़ज़ल के अन्तर्गत यह शेर भी मिलता है :

आस उस दर से टूटती ही नहीं
जा के देखा, न जा के देख लिया

1. दुख की पूर्ति।

ग़ज़ल

कुछ दिन से इन्तज़ारे-सवाले-दिगर में है

कुछ दिन से इन्तज़ारे-सवाले-दिगर[1] में है
वह मुज़्महिल[2] हया जो किसी की नज़र में है

सीखी यहीं मिरे दिले-काफ़िर ने बन्दगी
रब्बे-करीम है तो तिरी रहगुज़र में है

माज़ी में जो मज़ा मिरी शामो-सहर में था
अब वह फ़क़त तसव्वुरे-शामो-सहर में है

क्या जाने किसको किससे है अब दाद की तलब
वह ग़म जो मेरे दिल में है तेरी नज़र में है

1. दूसरे सवाल की प्रतीक्षा, 2. बुझी हुई, क्षीण।

ग़ज़ल

फिर हरीफ़े-बहार हो बैठे

फिर हरीफ़े-बहार[1] हो बैठे
जाने किस-किस को आज रो बैठे

थी, मगर इतनी रायगाँ[2] भी न थी
आज कुछ ज़िन्दगी से खो बैठे

तेरे दर तक पहुँच के लौट आए
इ'श्क़ की आबरू डुबो बैठे

सारी दुनिया से दूर हो जाए
जो ज़रा तेरे पास हो बैठे

1. बहार के दुश्मन, 2. व्यर्थ।

न गई तेरी बे-रुख़ी न गई
हम तिरी आरज़ू भी खो बैठे

'फ़ैज़' होता रहे जो होना है
शे'र लिखते रहा करो बैठे

चन्द रोज़ और मिरी जान!

चन्द रोज़ और मिरी जान फ़क़त चन्द ही रोज़
जुल्म की छाँव में दम लेने पे मजबूर हैं हम
और कुछ देर सितम सह लें, तड़प लें, रो लें
अपने अजदाद[1] की मीरास[2] हैं मा'ज़ूर[3] हैं हम
जिस्म पर क़ैद है, जज़्बात पे ज़ंजीरें हैं
फ़िक्र महबूस[4] है, गुफ़्तार पे ता'ज़ीरें[5] हैं
अपनी हिम्मत है कि हम फिर भी जिये जाते हैं
ज़िन्दगी क्या किसी मुफ़लिस की क़बा है जिसमें
हर घड़ी दर्द के पैबन्द लगे जाते हैं
लेकिन अब जुल्म की मी'याद के दिन थोड़े हैं
इक ज़रा सब्र, कि फ़रियाद के दिन थोड़े हैं
अ'र्स:-ए-दह्र[6] की झुलसी हुई वीरानी में

1. पूर्वज, 2. देन, धरोहर, 3. लाचार, 4. बन्दी, 5. प्रतिबन्ध, 6. संसार का मैदान।

हमको रहना है तो यूँ ही तो नहीं रहना है
अजनबी हाथों के बे-नाम गराँबार[1] सितम
आज सहना है हमेश: तो नहीं सहना है
ये तिरे हुस्न से लिपटी हुई आलम[2] की गर्द
अपनी दो-रोज़: जवानी की शिकस्तों का शुमार
चाँदनी रातों का बेकार दहकता हुआ दर्द
दिल की बे-सूद तड़प, जिस्म की मायूस पुकार
चन्द रोज़ और मिरी जान फ़क़त चन्द ही रोज़

---

1. भारी, बोझिल, 2. दुख।

मर्गे-सोज़े मुहब्बत

आओ कि मर्गे-सोज़े-मुहब्बत[1] मनाएँ हम
आओ कि हुस्ने-माह[2] से दिल को जलाएँ हम
ख़ुश हों फ़िराके-क़ामतो-रुख़सारे-यार[3] से
सर्वो-गुलो-समन से नज़र को सताएँ हम
वीरानी-ए-हयात[4] वीरानतर करें
ले नासेह[5] आज तेरा कहा मान जाएँ हम
फिर ओट लेके दामने-अब्रे-बहार[6] की
दिल को मनाएँ हम, कभी आँसू बहाएँ हम
सुलझाएँ बे-दिली से ये उलझे हुए सवाल
वाँ जाएँ या न जाएँ, न जाएँ कि जाएँ हम

---

1. प्रेम की जलन का अन्त, 2. चन्द्रमा (प्रिया) का सौन्दर्य, 3. प्रेमिका के क़द और गालों की कल्पना, 4. जीवन की नीरसता, 5. उपदेशक, 6. बहार के बादल का आँचल।

फिर दिल को पासे-ज़ब्त[1] की तल्क़ीन[2] कर चुकें
और इम्तहाने-ज़ब्त से फिर जी चुराएँ हम
आओ कि आज ख़त्म हुई दास्ताने-इ'श्क़
अब ख़त्मे-आ'शिक़ी के फ़साने सुनाएँ हम

1. धैर्य की चिन्ता, 2. नसीहत।

कुत्ते

ये गलियों के आवार: बेकार कुत्ते
कि बख़्शा गया जिनको ज़ौक़े-गदाई[1]
ज़माने की फिटकार सरमाय:[2] इनका
जहाँ-भर की धुतकार इनकी कमाई

न आराम शब को, न राहत सवेरे
ग़लाज़त में घर, नालियों में बसेरे
जो बिगड़ें तो इक दूसरे से लड़ा दो
ज़रा एक रोटी का टुकड़ा दिखा दो

ये हर एक की ठोकरें खानेवाले
ये फ़ाक़ों से उकता के मर जानेवाले

1. भीख माँगने की रुचि, 2. पूँजी।

ये मज़लूम[1] मख़लूक़[2] गर सर उठाएँ
तो इनसान सब सरकशी[3] भूल जाएँ

ये चाहें तो दुनिया को अपना बना लें
ये आक़ाओं[4] की हड्डियाँ तक चबा लें
कोई इनको एहसासे-ज़िल्लत[5] दिला दे
कोई इनकी सोई हुई दुम हिला दे

---

1. दलित-पीड़ित, 2. प्राणी, 3. घमंड, 4. मालिकों, 5. अपमान का अहसास।

बोल...

बोल के: लब आज़ाद हैं तेरे
बोल ज़बाँ अब तक तेरी है

तेरा सुतवाँ[1] जिस्म है तेरा
बोल के: जाँ अब तक तेरी है

देख के: आहनगर[2] की दुकाँ[3] में
तुन्द[4] हैं शोले, सुर्ख़ है आहन[5]

खुलने लगे क़ुफ़लों के दहाने[6]
फैला हर इक ज़ंजीर का दामन

---

1. सुडौल, 2. लोहार, 3. दुकान, 4. तेज़, 5. लोहा, 6. तालों के मुख।

बोल, ये: थोड़ा वक़्त बहुत है
जिस्मो-ज़बाँ की मौत से पहले

बोल, के: सच ज़िन्दा है अब तक
बोल, जो कुछ कहना है कह ले

ग़ज़ल

फिर लौटा है ख़ुरशीदे-जहाँताब सफ़र से

फिर लौटा है ख़ुरशीदे-जहाँताब[1] सफ़र से
फिर नूरे-सहर[2] दस्तो-गरेबाँ[3] है सहर से

फिर आग भड़कने लगी हर साज़े-तरब[4] में
फिर शो'ले लपकने लगे हर दीद:-ए-तर[5] से

फिर निकला है दीवान: कोई फूँक के घर को
कुछ कहती है हर राह हर इक राहगुज़र से

वो रंग है इमसाल गुलिस्ताँ की फ़ज़ा का
ओझल हुई दीवारे-क़फ़स हद्दे-नज़र से

---

1. दुनिया को रोशनी देनेवाला सूरज, 2. सुबह की रोशनी, 3. उलझी हुई (गरेबाँ हाथ में पकड़े हुए) 4. मस्ती का साज़, 5. भीगी आँख।

साग़र तो खनकते हैं शराब आए न आए
बादल तो गरजते हैं घटा बरसे न बरसे

पापोश[1] की क्या फ़िक्र है, दस्तार[2] सँभालो
पायाब[3] है जो मौज गुज़र जाएगी सर से

1. जूता, 2. पगड़ी, 3. पैर तक।

इक़बाल

आया हमारे देस में इक ख़ुशनवा[1] फ़क़ीर
आया और अपनी धुन में ग़ज़लख़्वाँ गुज़र गया
सुनसान राहें ख़ल्क़[2] से आबाद हो गईं
वीरान मयकदों का नसीबः सँवर गया
थीं चन्द ही निगाहें जो उस तक पहुँच सकीं
पर उसका गीत सबके दिलों में उतर गया

अब दूर जा चुका है वो शाहे-गदानुमा[3]
और फिर से अपने देस की राहें उदास हैं
चन्द इक को याद है कोई उसकी अदा-ए-ख़ास
दो इक निगाहें चन्द अज़ीज़ों के पास हैं
पर उसका गीत सबके दिलों में मुक़ीम[4] है
और उसकी लय से सैकड़ों लज़्ज़तशनास हैं

1. मधुरभाषी, 2. प्राणियों, 3. रंक-जैसा राजा, 4. स्थापित।

इस गीत के तमाम महासिन[1] हैं ला-ज़वाल
इसका वफ़ूर[2], इसका ख़रोश[3], इसका सोज़ो-साज़
ये गीत मिस्ले-शो'लः-ए-जव्वालः तुन्दो-तेज़
इसकी लपक से बादे-फ़ना का ज़िगर गुदाज़
जैसे चिराग़ वहशते-सरसर से बे-ख़तर
या शम्ए-बज़्म सुब्ह की आमद से बे-ख़बर

1. सुन्दरताएँ, 2. प्रचुरता, 3. उत्साह।

ग़ज़ल

कई बार इसका दामन भर दिया हुस्ने-दो-आलम से

कई बार इसका दामन भर दिया हुस्ने-दो-आलम[1] से
मगर दिल है के: उसकी ख़ान:वीरानी नहीं जाती

कई बार इसकी ख़ातिर ज़र्रे-ज़र्रे का जिगर चीरा
मगर ये चश्मे-हैराँ, जिसकी हैरानी नहीं जाती

नहीं जाती मताए'-लालो-गौहर[2] की गराँयाबी[3]
मताए'-ग़ैरतो-ईमाँ[4] की अरज़ानी[5] नहीं जाती

मिरी चश्मे-तन आसाँ[6] को बसीरत[7] मिल गई जब से
बहुत जानी हुई सूरत भी पहचानी नहीं जाती

---

1. लोक-परलोक की सुन्दरता, 2. हीरे-मोती की दौलत, 3. महँगापन, 4. स्वाभिमान और सच्चाई की दौलत, 5. सस्तापन, 6. आलसी, निकम्मा, 7. ज्ञान-चक्षु, देखने की शक्ति।

सरे-ख़ुसरो[1] से नाज़े-कजकुलाही[2] छिन भी जाता है
कुलाहे-ख़ुसरवी[3] से बू-ए-सुल्तानी नहीं जाती

ब-जुज़ दीवानगी वाँ और चार: ही कहो क्या है
जहाँ अक़्लो-ख़िरद[4] की एक भी मानी नहीं जाती

---

1. बादशाह का सर, 2. राजत्व का गौरव, 3. बादशाह का ताज, 4. समझ-बूझ।

मौज़ू-ए-सुख़न

गुल हुई जाती है अफ़सुर्दः सुलगती हुई शाम
धुल के निकलेगी अभी चश्मः-ए-महताब से रात
और मुश्ताक़[1] निगाहों की सुनी जाएगी
और उन हाथों से मस[2] होंगे ये तरसे हुए हात

उनका आँचल है, कि रुख़सार, कि पैराहन[3] है
कुछ तो है जिससे हुई जाती है चिलमन रंगीं
जाने उस ज़ुल्फ़ की मौहूम[4] घनी छाँव में
टिमटिमाता है वो आवेज़ः[5] अभी तक कि नहीं

आज फिर हुस्ने-दिलआरा[6] की वही धज होगी
वही ख़्वाबीदः-सी आँखें, वही काजल की लकीर

---

1. उत्सुक, लालायित, 2. स्पर्श, 3. वस्त्र, 4. हल्की, धुँधली, 5. कान का कुंडल, 6. मनमोहक रूप।

रंगे-रुख़सार पे हल्का-सा वो ग़ाज़े का गुबार
सन्दली हाथ पे धुँदली-सी हिना की तहरीर[1]

अपने अफ़कार[2] की, अशआ'र की दुनिया है यही
जाने-मज़मूँ[3] है यही, शाहिदे-मा'नी[4] है यही

आज तक सुर्ख़ो-सियह सदियों के साये के तले
आदमो-हव्वा की औलाद पे क्या गुज़री है
मौत और ज़ीस्त की रोज़ान: सफ़आराई[5] में
हम पे क्या गुज़रेगी, अजदाद[6] पे क्या गुज़री है

इन दमकते हुए शहरों की फ़रावाँ[7] मख़लूक़
क्यों फ़क़त मरने की हसरत में जिया करती है
ये हसीं खेत, फटा पड़ता है जोबन जिनका
किसलिए इनमें फ़क़त भूक उगा करती है

ये हर इक सिम्त पुर-असरार[8] कड़ी दीवारें
जल बुझे जिनमें हज़ारों की जवानी के चिराग़
ये हर इक गाम पे उन ख़्वाबों की मक़तलगाहें[9]
जिनके परतौ[10] से चिराग़ाँ हैं हज़ारों के दिमाग़

ये भी हैं, ऐसे कई और भी मज़मूँ होंगे
लेकिन उस शोख़ के आहिस्त: से खुलते हुए होंठ

---

1. रेखाएँ, लिखाई 2. विचारों, 3. विषय का सार-तत्त्व, 4. अर्थ की सुन्दरता, 5. मोर्चेबन्दी, 6. पूर्वज, 7. बहुसंख्यक, 8. रहस्यमय, 9. बलिवेदी, 10. परछाईं।

हाय उस जिस्म के कमबख़्त दिलआवेज़ ख़ुतूत
आप ही कहिए कहीं ऐसे भी अफ़सूँ[1] होंगे

अपना मौज़ू-ए-सुख़न इनके सिवा और नहीं
तबए-शायर[2] का वतन इनके सिवा और नहीं

1. जादू, 2. कवि-स्वभाव।

हम लोग

दिल के ऐवाँ में लिए गुलशुदा शम्ओं की क़तार[1]
नूरे-ख़ुर्शीद[2] से सहमे हुए, उकताए हुए
हुस्ने-महबूब के सय्याल तसव्वुर[3] की तरह
अपनी तारीकी को भींचे हुए, लिपटाए हुए

ग़ायते-सूदो-ज़ियाँ[4], सूरते-आग़ाज़ो मआल[5]
वही बेसूद तजस्सुस[6], वही बेकार सवाल
मुज़्महिल[7] साअते-इमरोज़[8] की बेरंगी से
यादे-माज़ी से ग़मी[9], दहशते-फ़र्दा[10] से निढाल

---

1. बुझी हुई दीपमाला, 2. चाँद की रौशनी, 3. तरल कल्पना, 4. लाभ-हानि का कारण, 5. आदि व अन्त का स्वरूप, 6. व्यर्थ की जिज्ञासा, 7. क्लान्त, 8. आज के क्षण, 9. अतीत की यादों से दुखी, 10. भविष्य के भय।

तश्ना अफ़कार[1] जो तस्कीन[2] नहीं पाते हैं
सोख़्ता अश्क[3] जो आँखों में नहीं आते हैं

इक कड़ा दर्द के: जो गीत में ढलता ही नहीं
दिल के तारीक शिग़ाफों[4] से निकलता ही नहीं
और इक उलझी हुई मौहूम-सी दरमाँ[5] की तलाश
दश्तो-ज़िन्दाँ[6] की हवस, चाके-गरेबाँ की तलाश

1. प्यासे विचार, 2. सन्तुष्टि, 3. सूखे हुए आँसू, 4. दरारों, 5. सान्त्वना, 6. जंगल और जेल।

शाहराह

एक अफ़सुर्द: शाहराह है दराज़[1]
दूर उफ़क़ पर नज़र जमाए हुए
सर्द मिट्टी पे अपने सीने के
सुर्मगीं[2] हुस्न को बिछाए हुए
जिस तरह कोई ग़मजद: औरत
अपने वीराँकदे[3] में मह्वे-ख़याल
वस्ले-महबूब के तसव्वुर में
मू-ब-मू[4] चूर, अ'ज़ो-अ'ज़ो[5] निढाल

---

1. लेटी हुई, लम्बी, 2. सुरमई, 3. निर्जन एकान्त, उजड़ा घर, 4. रोम-रोम, 5. अंग-अंग।

नसीब आज़माने के दिन आ रहे हैं

नसीब आज़माने के दिन आ रहे हैं
क़रीब उनके आने के दिन आ रहे हैं

जो दिल से कहा है, जो दिल से सुना है
सब उनको सुनाने के दिन आ रहे हैं

अभी से दिलो-जाँ सरे-राह रख दो
के: लुटने-लुटाने के दिन आ रहे हैं

टपकने लगी उन निगाहों से मस्ती
निगाहें चुराने के दिन आ रहे हैं

सबा फिर हमें पूछती फिर रही है
चमन को सजाने के दिन आ रहे हैं

चलो 'फ़ैज़' फिर से कहीं दिल लगाएँ
सुना है ठिकाने के दिन आ रहे हैं

✪✪✪

फ़ैज़ अहमद 'फ़ैज़'

जन्म : 13 फरवरी, 1911; गाँव–काला कादर, सियालकोट (पाकिस्तान)।

शिक्षा : आरम्भिक धार्मिक शिक्षा मौलवी मुहम्मद इब्राहिम मीर सियालकोटी से प्राप्त की। मैट्रिक स्कॉच मिशन स्कूल और स्नातकोत्तर मुरे कॉलेज, सियालकोट से। वामपंथी विचारधारा के जुझारू पैरोकार फ़ैज़ ने 1936 में *प्रगतिशील लेखक संघ* की एक शाखा पंजाब में आरम्भ की। 1935 में एम.ए.ओ. कॉलेज, अमृतसर और बाद में हेली कॉलेज ऑफ़ कॉमर्स, लाहौर में अध्यापन। 1938-1942 के दौरान उर्दू मासिक *अदबे-लतीफ़* का सम्पादन। कुछ समय तक फ़ैज़ ब्रिटिश इंडियन आर्मी में भी रहे, जहाँ 1944 में उन्हें लेफ़्टिनेंट कर्नल के पद पर पदोन्नत किया गया था। 1947 में सेना से इस्तीफ़ा देने के बाद *पाकिस्तान टाइम्स* के पहले प्रधान सम्पादक बने। 1959 से 1962 तक *पाकिस्तान आर्ट्स काउंसिल* के सचिव रहे।

1964 में लंदन से वापस आने के बाद फ़ैज़ कराची में अब्दुल्लाह हारून कॉलेज के प्रिंसिपल नियुक्त हुए।

1951 में फ़ैज़ को रावलपिंडी षड्यंत्र केस में चार साल की जेल की सज़ा भी हुई, जहाँ उन्होंने जीवन की कड़वी सच्चाइयों से सीधा साक्षात्कार किया।

प्रमुख रचनाएँ : *नक़्श-ए-फ़रियादी* (1941), *दस्ते-सबा* (1953), *ज़िन्दाँनामा* (1956), *मीज़ान* (1956), *दस्ते-तहे-संग* (1965), *सरे-वादी-ए-सीना* (1971), *शामे-शह्रे-याराँ* (1979), *मिरे दिल मिरे मुसाफ़िर* (1981), *सारे सुख़न हमारे* (फ़ैज़ समग्र) लंदन से और *नुस्ख़हा-ए-वफ़ा* (फ़ैज़ समग्र) पाकिस्तान से, *पाकिस्तानी कल्चर* (उर्दू और अंग्रेज़ी में) (1984)। राजकमल से *प्रतिनिधि कविताएँ* प्रकाशित।

फ़ैज़ की रचनाओं का अंग्रेज़ी, रूसी, बलोची, हिन्दी सहित दुनिया की अनेक भाषाओं में अनुवाद हो चुका है।

पुरस्कार : *लेनिन पीस प्राइज़, द पीस प्राइज़* (पाकिस्तानी मानवाधिकार सोसायटी), *निगार अवार्ड, द एविसेना अवार्ड, निशाने-इम्तियाज़* (मरणोपरान्त)। 1984 में मृत्यु से पहले *नोबेल प्राइज़* के लिए नामांकन हुआ था।

निधन : 20 नवम्बर, 1984, लाहौर।